2 février 1881

CATALOGUE

DE

PORTRAITS ANCIENS

ET ESTAMPES

PLANS ET VUES DE PARIS ET DE FRANCE

BELLE RÉUNION D'EAUX-FORTES

PAR CH. MERYON

Provenant du cabinet de feu M. VIOLLET-LE-DUC

Dont la vente aux enchères publiques aura lieu

HOTEL DES COMMISSAIRES-PRISEURS, RUE DROUOT, N° 5

SALLE N° 4

Le Mercredi 2 Février 1881

A UNE HEURE ET DEMIE PRÉCISE

Par le ministère de Me **MAURICE DELESTRE**, Commissaire-Priseur,
27, rue Drouot, 27.

Assisté de **M. CLEMENT**, Marchand d'Estampes de la Bibliothèque Nationale,
rue des Saints-Pères, 3.

EXPOSITION AVANT LA VENTE

—

PARIS. — 1881

T12

CATALOGUE

DE

PORTRAITS ANCIENS

ET ESTAMPES

PLANS ET VUES DE PARIS ET DE FRANCE

BELLE RÉUNION D'EAUX-FORTES

PAR CH. MERYON

Provenant du cabinet de feu M. VIOLLET-LE-DUC

Dont la vente aux enchères publiques aura lieu

HOTEL DES COMMISSAIRES-PRISEURS, RUE DROUOT, N° 5

SALLE N° 4

Le Mercredi 2 Février 1881

A UNE HEURE ET DEMIE PRÉCISE

Par le ministère de Me **MAURICE DELESTRE**, Commissaire-Priseur,
27, rue Drouot, 27.

Assisté de **M. CLEMENT**, Marchand d'Estampes de la Bibliothèque Nationale,
rue des Saints-Pères, 3.

EXPOSITION AVANT LA VENTE

—

PARIS. — 1881

CONDITIONS DE LA VENTE

Elle sera faite au comptant.

Les adjudicataires payeront *cinq pour cent* en sus des enchères.

L'Expert, chargé de la vente, se réserve la faculté de rassembler ou de diviser les lots.

DÉSIGNATION

PORTRAITS

AUDRAN (B.)

1 — *Molière* (J.-B. Poquelin de), d'après Mignard. In-8. Belle épreuve.

BALECHOU (J. J.)

2 — *Crébillon* (Prosper Joliot de), d'après Aved. In-4. Belle épreuve.

BAZIN (N.)

3 — *Louis XIV*, roi de France, — *Marie-Thérèse*, reine de France, *Louis*, dauphin de France, — *Marie-Anne-Victoire de Bavière,* Dauphine de France, — *Philippe duc d'Orléans*, — *Élisabeth-Charlotte de Bavière, duchesse d'Orléans*, suite de six portraits équestres, gravés d'après J. Martin, de 1682 à 1686. In-fol. Très belles épreuves sans marges.

BENOIST

4 — *Portraits de Louis le Grand*, gravés suivant ses différents âges. 1704. Belle épreuve, marge.

BOSSE (Abraham)

5 — *Le roi Louis XIII, en prière devant un crucifix.* Belle épreuve avec marges.

CARMONA (M. S.)

6 — *Boucher* (François), peintre du Roi, d'après Roslin, le suédois, in-fol. Belle épreuve.

CARS (J. F.)

7 — *Polignac* (M. de), cardinal, d'après Rigaud. In-fol. Belle épreuve.

CATHELIN

8 — *Voltaire* (Marie-François Arouet de), d'après de la Tour. In-4. Belle épreuve.

CHENU

9 — *Favart* (Mme), actrice, d'après Garand. In-8. Belle épreuve.

CHOFFARD (P. P.)

10 — *La Rochefoucauld* (François VI, duc de), auteur des *Maximes*, d'après Petitot. In-8. Belle épreuve.

COCHIN (C. N.), d'après

11 — *Crébillon* (Prosper Joliot de), gravé par Watelet. In-4. Belle épreuve.

COSSIN (L.)

12 — *Conrard* (Valentin), d'après Lefèvre. In-folio. Belle épreuve.

DAULLÉ (J.)

13 — *Fénelon* (F. de Salignac de la Mothe), d'après Vivien. In-8. Belle épreuve.

14 — *Feuquières* (Cath.-Mignard comtesse de), d'après C. Mignard. In-fol. Très belle épreuve du premier état avant l'adresse du graveur.

15 — *Rousseau* (Jean-Baptiste), d'après Aved. In-fol. Belle épreuve.

DAULLÉ, DREVET, AUDRAN et SCHMIDT

16 — J.-Ant. *Forest*, — *Coyzevox*, — *Baron*, — *Fenélon*, — Pierre *Mignard*, J. B. *Colbert*, — Robert de *Cotte*, — H. *Rigaud*, — 8 portraits d'après divers peintres. Épreuves de la chalcographie.

DE LARMESSIN (N. DE)

17 — *La Vallière* (Mme la duchesse de). In-4. Belle épreuve.

18 — Le même personnage, gravé par Gole. In-fol. Belle épreuve.

DE LARMESSIN (N. DE)

19 — *Louis XV*, roi de France, en pied, d'après Vanloo, In-fol. Belle épreuve.

DE LAUNAY (N.)

20 — *Tressan* (Louis-Élisabeth de la Vergne, comte de), d'après Borel. In-8. Belle épreuve, avec marge.

DELEGORGUE

21 — *Sévigné* (Marie de Rabutin-Chantal, marquise de), d'après Nanteuil. In-fol. Très belle épreuve, marge.

DELVAUX

22 — *Sévigné* (Marie de Rabutin-Chantal, marquise de). In-8. d'après Nanteuil. Très belle et rare épreuve du premier état, avant que le nom du personnage sur la tablette ait été remplacé par celui de Mme de Stael.

DEMARCENAY DE GHUY (ANT.)

23 — *Turenne* (le vicomte de), maréchal de France. In-8. Très belle épreuve avant toutes lettres.

DESPLACES (L.)

24 — *Duclos* (Mlle), d'après N. de Largillière. In-folio. Belle épreuve.

DIVERS

25 — Le Bouthillier de Rancé, — Le Pape Urbain VIII, Charles Ier, roi d'Angleterre. 4 portraits. Bonnes épreuves.

26 — Mesdames de *Longueville*, — de la *Mothe-Guion*, de *Fontanges*, de *Maintenon*, Anne de *Meleun*, — *Marie*, reine d'Angleterre, — *Marie-Thérèse*, — Françoise *d'Orléans de Valois*, etc. 10 portraits in-8. et in-4. Belles épreuves.

27 — *Monsieur*, frère de Louis XIV, — *Looke*, *Buckingham*, — Les Papes *Clément X*, — *Alexandre VIII*, — *Innocent XII*, *Clément IX*, — Le prince *Eugène* de Savoie, etc. 12 portraits in-8 et in-4. Belles épreuves.

28 — *Jansenius*, — M. de *La Chambre*, — Mme du *Chastelet*, — de *Moncrif*, — le duc de *Vendôme*, — le maréchal de

DIVERS

Rantzau, — le maréchal de *Gassion*, *Louis XIII*, pièces tirées du Pluvinel, etc. 14 portraits, par Lempereur, Cathelin, Huret, etc.

29 — Portraits gravés par Trouvain, Lubin, Lombart, Roullet, Ch. Dupuis, N. de Larmessin, L. Cars, Duchange, Jeaurat, Pesne, Simonneau, Vangelisti, Baudet, Tardieu, Scmith et Ficquet. 19 portraits in-fol. et in-8. Épreuves modernes.

30 — Portraits de poètes et personnages célèbres des 17ᵉ et 18ᵉ siècles. 130 pièces in-8 et in-4. Belles épreuves.

DREVET (P.)

31 — *Boileau-Despréaux* (Nicolas), d'après Rigaud. In-folio (D., 24). Belle épreuve.

32 — Le même portrait. Très belle épreuve.

33 — *Dangeau.* (Phil., marquis de), D'après H. Rigaud (D.,36). très Belle épreuve.

34 — *Félibien* (André), d'après Ch. Le Brun (D., 46). Belle épreuve.

35 — *Louis XIV*, roi de France, en grand costume, d'après Rigaud. Belle épreuve, manquant de conservation.

36 — *Villars* (Ch. Louis-Hector, maréchal, duc de), d'après Rigaud. (D., 12.) Très belle épreuve avec l'inscription en neuf lignes.

DREVET (P. J.)

37 — Bernard (Samuel), d'après H. Rigaud. (D., 11.) Belle épreuve avant les mots : Conseiller d'Etat.

38 — *Bossuet* (Jacques-Bénigne), d'après H. Rigaud. (D., 12.) Belle épreuve.

39 — *Couvay* (P. N.), secrétaire du Roi, d'après R. Tournières. (D., 14.) Belle épreuve.

DREVET (P.) et EDELINCK

40 — *Lambert* (Mᵐᵉ), *Poisson* (Raimond), comédien, — *Con-*

DREVET (P.) et EDELINCK

stantini (Angelo), par Vermeulen. 3 portraits in-fol. Belles épreuves.

DUFLOS (Cl.)

41 — *Orléans* (Philippe d'), régent, d'après Tournières. In-fol. Très belle épreuve avant les noms des artistes.

ÉCOLE HOLLANDAISE

42 — Le Supplice des frères de Witt, avec leurs portraits de chaque côté. Pièce rare avec légende explicative. Très belle épreuve.

EDELINCK (G.)

43 — *Bussy-Rabutin* (Roger, comte de), d'après Le Febvre. (R. D., 162.) Belle épreuve.

44 — *Carcavy* (P. de), conseiller au parlement. (R.-D., 163.) Belle épreuve, marge.

45 — *Fuerstenberg* (Ferd. de), prélat allemand. In-fol. Belle épreuve.

46 — *Furetière* (Ant.), de l'Académie française (R. D., 209). — *Le Brun* (Ch.), d'après N. de Largillière (R. D. 238), Deux portraits. Belles épreuves; une est doublée.

47 — *Helyot* (Marie Heriux, Mme). (R. D., 223.) Bonne épreuve.

48 — *Moreri* (Louis), d'après Fr, de Troy. (R. D., 280.) Belle épreuve.

49 — *Parent* (Jean Charles), chevalier romain, d'après Tortebat. (R. D., 287.) Belle épreuve.

50 — *Sylvestre* (Israel), graveur, d'après Ch. le Brun. (R. D., 319.) Belle épreuve.

51 — Le même portrait. Bonne épreuve, avec marge.

52 — Ch. d'*Hozier*, — Des *Jardins*, — Ph. de *Champaigne*, — G. *Edelinck*, — Marquis de *Villacerf*, — M. Le *Tellier*, — le duc d'*Anjou*, — le duc de *Berry*, — le duc de *Bour-*

EDELINCK (G.)

gogne, — *Mouton,* 10 portraits in-fol. d'après Rigaud, de Troy. Champaigne, etc. Epreuves de la Chalcographie.

EDELINCK, DREVET, NANTEUIL, etc.

53 — *Louis XV,* le comte d'*Evreux,* — La *Mothe-Le Vayer,* — *Lenostre,* — J. *Sobieski,* — *Turenne,* — *Voiture,* — Ant. *Arnauld,* — le cardinal *Fleury,* — le cardinal *Dubois,* etc. 13 portraits in-4 et in-fol.

EDELINCK et **SIMONNEAU**

54 — *Mascaron* (J.), — *Bourdaloue,* — *Fléchier* (Esprit). Trois portraits in-8, et in-4. Belles épreuves.

EDELINCK et **VAN SCHUPPEN**

55 — Ph. *Quinault.* — Blaise *Pascal,* — J.-B. *Santeuil,* — Ch. *Perrault,* — Eustache le *Sueur,* — J. de *La Fontaine,* P. *Pelisson,* — B. d'*Herbelot,* — Pompone de *Bellièvre.* — — Jean *Varin,* dix portraits in-fol. Belles épreuves.

EDELINCK (N.)

56 — *Malbranche* (Nicolas), d'après Santerre, in-4. Belle épreuve, avec marges.

FALCK (J.)

57 — *Louis XIII,* roi de France. d'après J. d'Egmont. In-fol. Très belle épreuve.

FERDINAND (F.)

58 — *Poussin* (Nicolas), d'après V. E. In-fol. Bonne épreuve.

FICQUET (Ét.)

59 — *Leibnitz* (Godefroi Guillaume), (f., 21). Belle épreuve.

60 — *Corneille* (Pierre), d'après Le Brun (f. 34), — *Descartes* (René), d'après Hals (39), 2 portraits. Belles épreuves.

61 — *Corneille* (P.), d'après Le Brun (f., 34). Belle épreuve.

62 — F. de *La Mothe le Vayer,* d'après Nanteuil (f., 84), — *Maintenon* (Françoise d'Aubigné, marquise de), d'après Mignard (f. 93, 2e planche). Deux pièces. Belles épreuves.

FICQUET (Ét.)

63 — Molière (J. B. Poquelin de), d'après Coypel (f., 101). Très belle épreuve.

64 — *Montaigne* (Michel de), d'après Dumoustier (f., 102), — *Regnard* (Jean-François), d'après Rigaud (f., 122), 2 pièces. Belles épreuves.

65 — *Rousseau* (Jean-Baptiste), d'après Aved (f., 131), — *Rousseau* (J.-J.), d'après de la Tour (f. 132). Deux pièces.

66 — *Voltaire* (Marie-François Arouet de), d'après de la Tour (f. 162). Belle épreuve.

FICQUET, TARDIEU et LANGLOIS

67 — *Voltaire*, trois portraits différents. In-8 et in-4.

GAUCHER (Ch. Ét.)

68 — Henri de Prusse (le prince) (78), d'après Cochin. Très rare épreuve du premier état, avant l'inscription sur la bordure.

GIFFART (P.)

69 — *Maintenon* (La marquise de). In-fol. Très belle épreuve.

70 — Le même personnage, gravé par Ficquet et de Larmessin. Deux portraits in-8 et in-4.

GREEN (V.)

71 — Le Pape Innocent X, d'après Velasco. In-8, en manière noire. Belle épreuve.

GUNST (P. van)

72 — *Marlborough* (J. Baron de Churchill, duc et comte de), d'après Vander Werff. In-fol. Très belle épreuve, une partie de l'inscription du bas coupée.

HABERT

73 — *Fontanges* (la duchesse de), d'après Mignard. Buste fort comme nature. Belle épreuve, manque de conservation.

HENRIQUEZ (B. L.)

74 — Montesquieu (C. de Secondat de). In-fol. Belle épreuve, avec marge.

LAUGIER

75 — *Scarron* (Madame), d'après Petitot. In-8. Belle épreuve, avec marges.

LE BEAU

76 — *Pope* (A.), d'après Marillier et Kneller. In-8. Très rare épreuve avant la lettre, la tablette blanche.

LIGNON

77 — *Poussin* (Nicolas), d'après lui-même. In-fol. Belle épreuve avant toutes lettres.

LOMBART (P.)

78 — *Cromwell* (Olivier), en armure, vu jusqu'aux genoux, d'après Walker. In-fol. Belle épreuve, mais manquant de conservation.

MASSON (Ant.)

79 — *Cureau de La Chambre* (Marin), d'après P. Mignard (R. D., 24). Très belle épreuve du premier état.

MASSON et VAN SCHUPPEN

80 — G. N. de *La Reynie*, Hardouin de *Péréfixe*, — duchesse de *Guise*, — *Brisacier*, — le grand *Dauphin*, — la Mère Marie-Angélique *Arnauld*, — f. *Vander Meulen*, 8 portrait-in-fol., d'après divers peintres. Epreuves de la chalcographie.

MELLAN (Claude)

81 — Son portrait, dessiné et gravé par lui-même. In-4. Belle épreuve, avec marge.

82 — *Anne d'Autriche*, reine de France. In-fol. — La même reine, portrait en pied, tiré de la galerie cardinale. Deux pièces.

83 — *Fouquet* (Nicolas), — *Richelieu* (le cardinal de), — Abel de *Servien*, — Pierre *Camus*, — Louis XIV. Anne d'Autriche en prière devant la Vierge, etc. Vues du tombeau de Richelieu, gravées par Simonneau, portraits par Morin et Edelinck. 15 pièces. Belles épreuves.

84 — *Habert de Montmart*. (H. L.). In-fol. Belle épreuve.

MEERLLEN (T. van)

85 — *Villeroy* (Magdeleine de Créquy, duchesse de). In-fol. Belle épreuve.

MORIN (J.)

86 — *Retz* (le cardinal de), d'après Champaigne, R. D., 54). Très belle épreuve.

87 — *Le Mercier* (Jacques), premier architecte du Roi (R. D., 69). Bonne épreuve.

88 — *Vitré* (Ant.), imprimeur, d'après Champaigne (R. D., 88). Superbe épreuve.

NANTEUIL (R.)

89 — *Amelot* (Jacques), premier président de la Cour des Aides (R. D., 19). Belle épreuve du premier état, marge.

90 — *Bailleul* (Louis de), président à mortier au Parlement de Paris (R. D., 27). Très belle épreuve du deuxième état.

91 — *Barberin* (Ant.), cardinal archevêque de Reims (R. D., 28). — *Lamoignon* (Guillaume de) (R. D., 119). Premier état. — *Le Tellier* (Michel), d'après Champaigne (R. D., 128). — *Sarrasin* (Jean-François) (R. D., 220). Quatre portraits Belles épreuves.

92 — *Barrillon de Morangis* (Antoine), conseiller d'État (R. D., 31). Belle épreuve.

93 — *Beaufort* (Fr. de Vendôme, duc de), le Roi des Halles (R. D., 33). Très belle épreuve du premier état.

94 — *Bouillon* (Emm.-Th., cardinal de) (R. D., 53). Belle épreuve du premier état.

95 — *Bouthillier* (Madame Le) (R. D., 57). — *Christine*, reine de Suède (R. D., 67). — *Condé* (Louis II, de Bourbon, dit le Grand) (R. D., 79). — *Nemours* (la duchesse de) (200). — *Suze* (L.-F. de) (227). — *Talon* (Denis) (R. D., 228). Six portraits. Bonnes épreuves.

96 — *Colbert* (J.-B.), contrôleur général des finances, d'après Champaigne (R. D., 71). Belle épreuve du troisième état

NANTEUIL (R.)

97 — *Doni d'Attichy* (Louis), évêque d'Autun (R. D., 83). Belle épreuve, marge.

98 — *Dunois* (Jean-Louis-Charles, d'Orléans Longueville, comte de), d'après Ferdinand (R. D., 86). Belle épreuve.

99 — *Fouquet* (Nicolas), surintendant des finances (R. D., 98.) Belle épreuve, remontée.

100 — *Gassendi* (Pierre) (R. D., 101). Belle épreuve du deuxième état.

101 — *Hesselin* (Louis), conseiller d'État (R. D., 109). Belle épreuve du deuxième état.

102 — *La Vrillière* (Louis Phelypeaux de), secrétaire d'État (R. D., 123). Belle épreuve.

103 — *Le Masle* (Michel) (R. D., 126). — *Loret* (Jean), poète (R. D., 150). Deux portraits. Belles épreuves.

104 — *Loménie*, comte de Brienne (H.-A.) (R. D., 148). Très belle épreuve du premier état.

105 — *Longueville* (Henri d'Orléans, 11e du nom, duc de) (R. D., 149). — *Turenne* (le vicomte de), maréchal de France (R. D., 232). Deux portraits. Belles épreuves.

106 — *Louis XIV*, roi de France, d'après Mignard (R. D., 152). Superbe épreuve du deuxième état.

107 — Marie-Jeanne-Baptiste de *Savoie-Nemours*, princesse de Piémont (R. D., 169). Belle épreuve, avec marge.

108 — *Mazarin* (Jules), cardinal, d'après Mignard (R. D., 186). Très belle épreuve du deuxième état.

109 — *Ménage* (Gilles) (R. D., 188). Belle épreuve du premier état.

110 — *Le même portrait*. Belle épreuve du même état.

111 — *Potier de Novion* (Nicolas), magistrat (R. D., 207). Belle épreuve.

112 — *Ormesson* (A. Le Fèvre d'), conseiller d'État (R. D., 209). Belle épreuve du premier état.

NANTEUIL (R.)

113 — *Scudéry* (G. de), de l'Académie française (R. D., 221). Belle épreuve du premier état.

114 — *Séguier de Saint-Brisson* (Pierre), prévôt de Paris (R. D., 224). Belle épreuve, marge.

115 — *Voiture* (Vincent), de l'Académie française, d'après Champaigne (R. D., 234). Belle épreuve.

116 — *Chapelain*. — Marquis de *Castelnau*. — Le comte de *Guébriant*. — Anne d'*Autriche*. Quatre portraits in-fol. Epreuves de la chalcographie.

NOCHEZ (J. B.)

117 — *Rousseau* (J.-J.), d'après Ramsay. In-fol. Belle épreuve, avec marge.

ODIEUVRE et DESROCHERS

118 — *Portraits* de personnages célèbres, publiés par ces deux éditeurs. 33 pièces. Belles épreuves.

PETIT

119 — *Bayle* (P.). In-fol. Belle épreuve, marge.

PITAU (N.)

120 — *Bignon* (Th.), d'après Champaigne. In-fol. Belle épreuve.

121 — *Habert de Montmort* (H.-L.), d'après Champaigne. In-fol. Très belle épreuve.

122 — Saint *Vincent-de-Paul*, d'après Simon François. In-fol. Belle épreuve.

PICART (Ét.)

123 — *Montespan* (la marquise de). In-fol. Très belle épreuve, un peu rognée.

POILLY (F.)

124 — *Fabert* (Abraham de), mareschal de France, d'après Ferdinand. In-fol. Très belle épreuve.

PONTIUS (PAUL)

125 — *Olivarès* (Gaspard de Gusman, comte d'), d'après Velasquez et Rubens. Grand in-fol. Très belle épreuve.

126 — *Rubens* et *Van Dyck*, représentés en bustes, en regard l'un de l'autre, sur une même planche, au milieu d'attributs divers. In-fol., en largeur, d'après Van Dyck. Très belle épreuve.

REGNESSON (N.)

127 — Marie-Anne de *Bourbon-Montpensier*, première femme de Gaston d'Orléans. In-fol. Belle épreuve.

ROULLET (L.)

128 — *Beringhen* (H., marquis de), d'après P. Mignard. In-fol. Très belle épreuve, marge.

SAINT-AUBIN (AUG. DE)

129 — *Diderot*. — B. *Franklin*. Deux portraits in-4°, d'après Greuze et Cochin. Belles épreuves.

SAINT-BON

130 — *Voltaire* (François-Marie Arouet de). Trente-cinq croquis, le représentant dans différentes attitudes, sur une même planche in-fol, à l'eau-forte.

131 — *Composition* ressemblant à la précédente, avec légendes en bas, cette inscription : Différents airs en 30 têtes de M. de Voltaire, calquées sur les tableaux de M. Huber. A l'eau-forte.

SAVART (P.)

132 — *Bayle* (Pierre) (F., 2). — *Bossuet* (Jacques-Bénigne) (F., 6). Deux portraits. Belles épreuves.

133 — *La Bruyère* (J. de), de l'Académie française, d'après de Saint-Jean (F., 8). — *Condé* (Louis de Bourbon, prince de), d'après Le Juste (F., 15). Deux portraits. Belles épreuves.

134 — *Deshoulières* (Antoinette de la Garde), d'après Mlle Cheron (F., 16). Belle épreuve.

SAVART (P.)

135 — *Fénelon* (François de Salignac de Lamotte), d'après Vivien (F., 18). Belle épreuve du premier état.

136 — *Fontenelle* (Bernard de) (F., 20). Très belle épreuve, tirée de la planche entière.

137 — *Racine* (Jean), d'après Santerre (F., 30). Belle épreuve, avec l'adresse de la barrière Fontarabie.

SCHMIDT (G. F.)

138 — *Evreux* (L. de La Tour d'Auvergne, comte d'), d'après Rigaud. In-fol. Belle épreuve.

139 — *Silva* (J.-B.), médecin, d'après Rigaud. In-fol. Très belle épreuve.

SCHUPPEN (P. VAN)

140 — *Alexandre* neuf, Pape, d'après Mignard. In-fol. Très belle épreuve.

141 — *Barcos* (Martinus de), — *Pontis* (Messire Louis de). Deux portraits d'après Champaigne. Belles épreuves.

142 — *Epernon* (le duc d'), d'après Mignard. — *Bazin* (Cl.), d'après C. le Fèvre. Deux portraits in-fol. Belles épreuves.

143 — *Le Tellier* (Fr.-Michel), marquis de *Louvois*, d'après C. le Fèvre. In-fol. Très belle épreuve.

SIMONNEAU

144 — *Le Maistre* (Ant.) — *Lenain de Tillemont* (Sébastien). Deux portraits d'après Champaigne et Le Fèvre. Belles épreuves.

SOUBEYRAN

145 — *Pierre le Grand*, Empereur de Russie, gravé à Paris en 1743, In-fol. Très belle épreuve.

SUYDERHOEF (J.)

146 — *Descartes* (René), d'après F. Hals (W., 23). Très belle épreuve du premier état, avec l'adresse de P. Goos.

SUYDERHOEF (J.)

147 — Le même personnage, gravé par Ficquet. In-8. Très belle épreuve.

148 — *Glarges* (Gilles de), d'après M. Mierevelt (W., 29). Très belle épreuve.

TARDIEU (Alex.)

149 — *Bart* (Jean). In-4. Belle épreuve, avec marge.

150 — *Pascal* (Blaise). In-8. Belle épreuve.

VALLET (G.)

151 — *Clément IX*, Pape, d'après Gaulli. Buste fort comme nature. In-fol. Belle épreuve.

152 — *Corneille* (Pierre), d'après A. Paillet. In-fol. Très belle épreuve.

153 — Olympia *Maldachini*. In-4. Belle épreuve.

VAN DYCK (Ant.), d'après

154 — Portraits faisant partie de l'Iconologie de Van-Dyck, dont les planches sont à la chalcographie du Louvre. 12 pièces.

VANGELISTY

155 — Aguesseau (le chancelier d'), d'après Tournières. In-4. Belle épreuve.

VERMEULEN (C.)

156 — *Bertin* (Pierre-Vincent), d'après N. de Largillière. In-fol. Très belle épreuve, marge.

VOERST (R. van)

157 — Charles Ier et Henriette de France, représentés à mi-corps, sur une même planche, d'après Van-Dyck. In-fol. en largeur. Belle épreuve.

WILLE (J. G.)

158 — *Singlin* (Messire Antoine de), d'après Champaigne. Belle épreuve.

TOPOGRAPHIE FRANÇAISE

VUES ET PLANS

BELLICARD

159 — Plan et vues de la nouvelle église de Sainte-Geneviève, d'après J.-G. Soufflot. Cahier de six feuilles. Belles épreuves.

BONHOMMÉ (F.)

160 — Séance de la chambre des députés en 1848. Grande lithographie en largeur.

BOSSE (ABRAHAM)

161 — Les vœux du roy et de la Reyne à la Vierge (G. D. 1225). Très belle épreuve.

CALLOT (J.)

162 — Les deux grandes vues de Paris. Belles épreuves.

CHATILLON

163 — Le grand et magnifique bastiment de l'hostel de Nevers dans la ville de Paris, représenté en sa partie d'Orient avec le païsage prochain et chose plus remarquable. Belle épreuve.

COGNIET (L.), INGRES et SIGNOL (d'après)

164 — Les Peintures de l'Hôtel-de-Ville de Paris, gravées par Bertinot, Martinet, Wilmann, Deveaux, Haussoullier, etc., onze pièces. Très belles épreuves avant la lettre, sur chine.

COLIGNON

165 — Vue de la ville de Bordeaux, grande pièce en largeur. Belle épreuve.

DAUMONT (A Paris, chez)

166 — Bourse ou loge des changes à Lyon. Très belle épreuve.

DE LA GRIVE

167 — Plan détaillé du quartier de Sainte-Geneviève, à Paris. Épreuve imprimée sur vélin.

DE SON (N.)

168 — L'Excellent frontispice de l'abbaye de Saint-Nicaise de Reims, — le somptueux frontispice de l'église Notre-Dame de Reims. Deux pièces. Belles épreuves.

DHEULLAND

169 — Plan en perspective de la ville de Paris, telle qu'elle était sous le règne de Charles IX, gravé d'après une tapisserie conservée dans l'Hôtel-de-Ville.

GIRARDET et PRIEUR (d'après)

170 — Tableaux de la révolution française. Sept pièces, dont deux à l'eau-forte.

JAZET

171 — S. A. R. Monseigneur le duc d'Orléans, passant en revue le 1er régiment de hussards, d'après H. Vernet. Belle épreuve.

LEGRAND (L.)

172 — Vue de l'Hôtel-de-Ville de Paris, par l'hôtel des Ursins, d'après Raguenet. Belle épreuve, rare.

LESPINASSE (d'après le chevalier de)

173 — Vues de Versailles, du château et du parc. — Vue de la place Louis XV, à Paris, 4 pièces. Très rares épreuves à l'eau-forte, marges.

174 — Vues du château de Versailles et de Trianon, cinq pièces. Très belles épreuves avant la lettre.

MASSARD (L.)

175 — Le Couronnement d'épines, d'après le Titien. Belle épreuve avant la lettre, sur chine.

MERIAN (M.)

176 — Le Plan de la ville, cité, université et fauxbourgs de

Paris, avec la description de son antiquité et singularités. Belle épreuve.

MERYON (Ch.)

177 — Le Pavillon de Mademoiselle et une partie du Louvre à Paris (nº 8 du cat. de l'œuvre de Ch. Meryon, par M. Ph. Burty, traduit en anglais, par M. Marcus B. Huish. Londres, 1879, 1 vol. grand in-8). Très belle épreuve sur chine.

178 — Passagers de Calais à Flessingue (15). Belle épreuve.

179 — La Salle des Pas-Perdus, d'après Ducerceau (17). Très belle épreuve.

180 — *Chenonceau* (18). Très belle épreuve, rare.

181 — *Plan du combat de Sinope* (21). Très belle épreuve. Rare.

182 — *Rue Pirouette, aux halles*, 1860 (24). Superbe épreuve avec le premier titre et les premières inscriptions sur le mur, avant les noms de Laurence et de Meryon, et avant l'adresse de l'imprimeur.

183 — Eaux-fortes sur Paris, par C. Meryon, 1852, titre (31). Très belle épreuve.

184 — A. Reinier, dit Zeeman, peintre et eau-fortier (32).

185 — *Le Stryge* (37). Superbe épreuve du deuxième état, avec le nom, la date et l'adresse de l'imprimeur, et au-dessous, deux vers écrits en caractères gothiques, sur papier verdâtre.

186 — La même estampe. Superbe épreuve avec les vers effacés et la planche réduite à ses dimensions ordinaires, avant la lettre.

187 — *Le Petit-Pont* (38). Très belle épreuve avant la lettre, avec les initiales C. M. dans le haut de la droite.

188 — *L'Arche du pont Notre-Dame* (39). Superbe épreuve avant la lettre et le numéro, et avec le nom et l'adresse de Meryon, sur papier verdâtre.

MERYON (Ch.)

189 — *La Galerie de Notre-Dame* (40). Très belle épreuve avant la lettre, avec le nom de Meryon et l'adresse de l'imprimeur.

190 — La même estampe. Belle épreuve avec la lettre, sur chine.

191 — *La Rue des Mauvais-Garçons* (41). Très belle épreuve. Rare.

192 — *La Tour de l'horloge* (42). Très belle épreuve avant la lettre, avec les initiales C. M. dans le haut de la droite.

193 — *Tourelle, rue de la Tixeranderie*, démolie en 1851 (43). Superbe épreuve avec les initiales C. M. dans le haut de la droite et avant l'adresse de Delâtre.

194 — *Saint-Étienne-du-Mont* (44). Superbe épreuve du premier état, avec les initiales C. M. dans le haut de la droite.

195 — *La Pompe Notre-Dame*, 1852 (45). Très belle épreuve du premier état, avec le nom et l'adresse en caractères renversés, avant la lettre.

196 — *La Petite Pompe* (46). Très belle épreuve.

197 — *Le Pont-Neuf* (47). Superbe épreuve, avec le nom de Meryon, la date et l'adresse de l'imprimeur, mais avant les vers.

198 — La même estampe. Très belle épreuve du même état.

199 — La même estampe. Belle épreuve, avec le titre, la cheminée de la Monnaie effacée et les maisons du fond modifiées, sur chine.

200 — *Le Pont au Change* (48). Superbe épreuve, avec : C. Meryon, del sculp., MDCCCLIV : à droite, l'adresse de l'imprimeur; dans les nuages, un ballon portant le mot : Speranza.

201 — *La Morgue* (50). Très belle épreuve avant la lettre, avec le nom de Meryon et l'adresse de l'imprimeur.

MEYRON (Ch.)

202 — *L'Abside de Notre-Dame de Paris* (52). Superbe épreuve avant la lettre.

203 — *La Rue des Toiles, à Bourges* (58). Très belle épreuve.

204 — Ancienne habitation à Bourges (59). Très belle épreuve.

205 — Voyage de la corvette *le Rhin*. Nouvelle-Calédonie, grande case indigène sur le chemin de Ballode à Poêpo, 1845 (64). Très belle épreuve, sur chine.

206 — A Monsieur Eugène Bléry (71).

207 — La Loi lunaire (72). Rare.

MERYON (d'après)

208 — Marine, lithographie, par Th. Chauvel.

PATAS (A Paris, chez)

209 — Ouverture des états généraux à Versailles le 5 mai 1789. Très belle épreuve d'une pièce très rare, imprimée en bistre.

ROCHEBRUNE et BRUNET-DEBAINES

210 — Abside de Notre-Dame de Paris, — Clocher de Notre-Dame de Fontenay-le-Comte, — Entrée principale du château d'Ecouen sous Louis XIV. — Ecouen, façade des esclaves de Michel-Ange, — Cour intérieure du château de Blois. — Lanterne du château de Chambord, — Hôtel-Dieu de Beaune, etc. Dix pièces. Très belles épreuves, en partie avec dédicace des artistes à M. Viollet-le-Duc.

SILVESTRE (Israel)

211 — Profil de la ville de Rome, vue du côté de la Trinité du Mont, grande planche en 4 feuilles séparées. Très belle épreuve.

212 — Vues de Paris, de villes et châteaux de France et d'Italie. Trente et une pièces. Très belles épreuves, dont plusieurs rares. Pourra être divisé.

TRIMOLET et ELMERIC

213 — Vues de Paris et des environs. Quatorze pièces gravées à l'eau-forte. Belles épreuves, sur chine.

VERSAILLES

214 — Plans de la ville et du château, fêtes données par le roi Louis XIV. *Les plaisirs de l'isle enchantée.* Les Courses de têtes et de bagues. Le Labyrinte de Versailles. Ces trois suites, par Israël Silvestre, fêtes données à Versailles à l'occasion du mariage du Dauphin, 1745 et 1747, par Cochin. Vues de la ville, du parc et du château, par Silvestre, Pirelle, Lepautre, Marot, etc., par Rigaud, en épreuves coloriées de l'époque, le chevalier de Lespinasse, etc. Le tout formant un ensemble de deux cent quatre-vingts pièces sera offert aux amateurs en totalité, si la mise à prix n'est pas couverte, on vendra séparément et par suite.

215 — Sous ce numéro, il sera vendu par lots un grand nombre de plans et vues de Paris et de ses principaux monuments, vues et plans des villes et châteaux de France et d'Italie, etc.

Paris. — Typ. Pillet et Dumoulin, 5, rue des Grands-Augustins.

www.ingramcontent.com/pod-product-compliance
Ingram Content Group UK Ltd.
Pitfield, Milton Keynes, MK11 3LW, UK
UKHW021153230726
13926UKWH00001B/82

9 782014 451061